Grundlagen der BWL. Changemanagement, Strategieimplementierung, Balanced Score Card und Unternehmensethik

Marius Haeckel

Bibliografische Information der Deutschen Nationalbibliothek:

Die Deutsche Nationalbibliothek verzeichnet diese Publikation in der Deutschen Nationalbibliografie; detaillierte bibliografische Daten sind im Internet über http://dnb.d-nb.de abrufbar.

ISBN: 9783346347121
Dieses Buch ist auch als E-Book erhältlich.

© GRIN Publishing GmbH
Nymphenburger Straße 86
80636 München

Druck und Bindung: Books on Demand GmbH, Norderstedt Germany
Gedruckt auf säurefreiem Papier aus verantwortungsvollen Quellen

Das Buch bei GRIN: https://www.grin.com/document/987972

Deutsche Hochschule für

Prävention und Gesundheitsmanagement

Hermann Neuberger Sportschule 3

66123 Saarbrücken

Einsendeaufgabe

Studiengang:	MPGM
Datum Präsenzphase	**14.12-17.12**
Name, Vorname:	Haeckel, Marius Alexander
Studienort:	**Hamburg**
Semester:	**SS**

Inhaltsverzeichnis

1 Bodo Müllers Plan

1.1 Gründe für den Wandel

Es erfolgt eine Darstellung von drei Gründen für einen von Bodo Müller initiierten Wandel in der Gesundheits- und Medizintechnik AG.

Ein wesentlicher Grund für einen Wandel ist ein sich veränderndes Kundenverhalten. Wo in der Vergangenheit die Krankenhausärzte maßgeblich die Entscheidung der Anschaffung von medizinischen Gerätschaften initiiert und durchgeführt haben, sind es nun vermehrt die Krankenhausadministrationen und Einkaufsabteilungen, die für die Kaufentscheidungen verantwortlich sind. Ein weiterer Grund sind die niedrigen staatlichen Finanzierungen der Krankenhäuser, welches zu einem veränderten Kaufverhalten seitens der Krankenhäuser führt. Die Geräte werden zunehmend instandgehalten als neu erworben. Ein letzter Grund ist, dass das Unternehmen als technologie- und ingenieurorientiert wahrgenommen wird. Die zuvor erwähnte Verlagerung der Kaufentscheidung drängt die Gesundheits- und Medizintechnik AG dazu, ganzheitliche Lösungen zu schaffen, um die Effizienz in Krankenhäusern zu verbessern.

1.2 Aspekte für den Strategiewandel

Zunächst versucht Bodo Müller die Marketing Vizepräsidenten (VP's) aller sieben Produktlinien dahingehend zu sensibilisieren, ihre Marketingstrategien anzupassen und einen kleinen Anteil in das C-Level Marketing zu investieren. Bei dem vierteljährlichen Treffen des Marketing-Boards illustrierte Bodo Müller faktenbasiert seine Vorstellungen und Strategie, stellte die Herausforderungen seiner Kunden dar und erwähnte das Defizit an Zusatznutzen und Informationen, die das eigene Unternehmen den Kunden nicht liefern könnte. Zudem legte er dar, wie sie als Team neue Inhalte schaffen und kommunizieren könnten. Um den Schwung aus dem Treffen mitzunehmen und den Wandel voranzutreiben, plante Bodo Müller die Einführung eines kleinen, geschäftsbereichsübergreifenden Projekts. In diesem Projekt sollen Ideen zum C-Level Marketing in Deutschland entwickelt werden. Damit wollte er Akzeptanz und Unterstützung bei allen Unternehmenseinheiten hervorrufen. Zusätzlich rief er eine Arbeitsgruppe ins Leben, in welche Vertreter aller Unternehmenseinheiten involviert werden sollten. Anschließend lud er zum Kick-off-Meeting ein.

1.3 Barrieren und Widerstände

Im Folgenden werden vier Beispiele für mögliche Barrieren dargestellt, die Bodo Müllers initiierten Wandel entgegenstehen könnten.

Der Stellenwert gegenüber Bodo Müllers Maßnahme seitens der Marketing Vizepräsidenten ist anscheinend zu gering und wird nicht von ihnen angenommen. Dies wird daran ersichtlich, dass sie zwar die Idee im Allgemeinen begrüßen, jedoch kein Extra-Budget für das Vorhaben bereitstellen wollen. Eigene Interessen oder andere Themen hätten Vorrang. Eine weitere Barriere könnte eine Fehleinschätzung Bodo Müllers bei der Analyse des sich verändernden Kundenverhaltens sein. Wenn sich entgegen seiner Einschätzung das Verhalten der Kunden nicht verändern würde und eine Strategieimplementierung zu einer Verschlechterung der wirtschaftlichen Lage des Unternehmens führe, könnte dies zu einem starken Unmut innerhalb des Unternehmens führen. Eine wirtschaftliche Rezession hätte zudem unmittelbare Folgen für alle Anteilseigner. Eine Kürzung des Budgets bei üblichen Marketingkanälen könnte ebenfalls zu Verstimmungen und Angst in entsprechenden Positionen führen. An die festgelegten Budgets in allen sieben Produktlinien könnten Arbeitsplätze geknüpft sein, welche bei einer Herabsetzung der Gelder und der Zusammenführung zu einem „C-Level Marketing" in Gefahr sein könnten. Die Folge wäre die Angst vor dem Arbeitsplatzverlust. In den Grundwerten ist eine starke Identifikation mit dem Unternehmen verankert, die unter anderem durch eine starke Aktienkultur und der direkten Partizipation am Erfolg sichtbar wird. Falls sich die Verantwortlichen und Mitarbeiter nicht mit der neuen Strategie identifizieren, könnte dies zu Beeinträchtigungen im Implementierungsprozess führen.

2 Change Management

2.1 Gründe für das Scheitern

In der folgenden Darstellung werden vier zutreffende Gründe dargestellt, die zum Scheitern des Vorhabens geführt haben. Hierbei wird sich auf das 8-Stufen Modell nach Kotter bezogen (Reisinger et al., 2013, S. 190).

Tab. 1: Gründe für das Scheitern mit Begründungen

Gründe des Scheiterns	Begründung und Erklärung
Stufe 1: Zu viel Selbstgefälligkeit	Bodo Müller konnte die Marketing VP's beim vierteljährlichen Treffen des Marketing Boards kurzfristig überzeugen, jedoch fand ein Stimmungswandel statt, als es ins Handeln übergehen sollte. Sie waren weder bereit, einen kleinen Teil ihres Budgets in das „C-Level Marketing" zu investieren, noch partizipierten sie an Bodo Müllers initiertem Kick-off-Meeting.
Stufe 2: Es fehlt eine ausreichend starke Erneuerungs-/Führungskoalition	Um einen strategischen Wandel umzusetzen, bedarf es an Zustimmung auf allen Ebenen. Vor allem von den obersten Führungspositionen (zum Beispiel der Vorstand) ist Rückenwind enorm wichtig, da dies die Akzeptanz im Unternehmen gegenüber dem Projekt steigern könnte. Bodo Müller rief zwar eine Arbeitsgruppe mit Vertretern aus allen Unternehmenseinheiten auf Arbeitsebene ins Leben, jedoch folgten nur wenige den Einladungen zum Meeting und das Interesse war gering. Er hätte besonders bei Vertretern in oberen Führungsebenen um Zustimmung werben sollen, um die Erneuerungskoalition ausreichend zu stärken.
Stufe 3: Die Kraft der Vision wird unterschätzt	Obwohl Bodo Müller seine Strategie mit Tabellen und Grafiken darlegte, die Herausforderungen seiner Kunden schilderte und auf sachlicher Ebene überzeugende Fakten und Zahlen präsentierte, konnte er die Marketing VP's nur wenig emotionalisieren. Nach Hinterhuber (2011, S. 85) spricht eine Vision den Verstand und das Herz gleichermaßen an. Bodo Müller konnte anscheinend kein Zukunftsbild entwickeln, welches von allen Unternehmensangehörigen angestrebt wird und die wohl motiviert (Simon & Gathen, 2010, S. 16). Die Darstellung eines lohnenden Ziels an für sich reichte wohl nicht aus. Da ein Wandel auch von Rückschlägen geprägt sein kann, muss die Motivation von intensiver Natur sein (intrinsische Motivation). Diese Art von Motivation ergibt sich aus der Aufgabe selbst und bedarf keiner weiteren Anstöße (Lauer, 2014, S. 73). Schon in der frühen Phase eines Wandels können Widerstände in Form einer erhöhten Belastung der Arbeitsatmosphäre, Angst vor Arbeitsplatzverlust und eine überhöhte Arbeitsanstrengung auftreten (Hermanni, 2016, S. 42). Dem ist durch ein gutes Management, einer ausführlichen Diagnose und Analyse, Instrumenten des Wandels sowie ausreichend Change Agents entgegenzuwirken (Johnson, Scholes & Whittington, 2011, S. 640).
Stufe 5: Zulassen, dass Hindernisse die neue Vision blockieren	Auch wenn eine Matrixorganisation gestiegenen Integrationsproblemen durch zunehmende Komplexität hinzu mehr Markt- und Kundenorientierung begegnet, gibt es auch Hindernisse, die einen Wandel beeinträchtigen können. Der umfangreiche Abstimmungsbedarf und schwerfällige Entscheidungsprozesse, die Gefahr von Überorganisation und zu viele Kompromisse sind einige zu erwähnende Nachteile dieses Systems (Schult-Zurhausen, 2010, S. 257). Eines dieser Punkte könnte beigetragen haben, dass Bodo Müllers Vorhaben gescheitert ist.

2.2 Veränderungen meistern

Mithilfe von Kotters acht Beschleuniger, werden Strategien erzeugt und diese mit Leben gefüllt. Dabei geht es um das ständige „Suchen, Handeln, Lernen und Verändern" (Kotter, 2015, S. 83 f.). Es wird dargestellt, wie Bodo Müller mithilfe dieser Beschleuniger seine Strategie hätte umsetzen können.

1. Gefühl der Dringlichkeit für eine bedeutende Chance wecken: Bodo Müller hat in seinen Präsentationen die Notwendigkeit der Maßnahme sachlich dargestellt, jedoch setzt die Kommunikation der Dringlichkeit in der obersten Führungsebene an und muss von dort aus permanent hervorgehoben werden. Dadurch können Mitarbeiter sensibilisiert und für die Maßnahme gewonnen werden (Kotter, 2015, S. 89). Er müsste also neben den Unternehmenseinheiten auf Arbeitsebene seine Absichten vor allem auf die Führungskräfte abstimmen. Dies hätte so erfolgen müssen, dass die entscheidenden Personen ausreichend für die Sache emotionalisiert werden. Eine solche Emotionalisierung könnte man beispielsweise durch eine klare Vision, Konsequenzen des Nicht-Handels und (digitalem) Storytelling erreichen (Franken, 2016, S. 222).

2. Aufbau und Pflege einer lenkenden Koalition: Um ein funktionierendes Strategienetzwerk für einen Wandlungsprozess zu initiieren, bedarf es an Zustimmung auf allen Unternehmensebenen. Aus jeder hierarchischen Ebene sollten Vertreter und unterschiedliche Kompetenzen zusammentreffen, die sich freiwillig und gleichberechtigt mit einem oder mehreren Themen auseinandersetzen (Kotter, 2015, S. 89). Bodo Müller rief zwar eine Arbeitsgruppe ins Leben, jedoch waren dort lediglich Vertreter aus allen Unternehmensebenen auf Arbeitsebene einberufen. Wie zuvor erwähnt, hätte er Mitarbeiter aus allen Hierarchieebenen mit einem co-evolutionären Ansatz einbinden können, um sie aktiv in den Entwicklungsprozess von Lösungsansätzen zu involvieren. Dadurch wird das geringste Maß an Widerstand und ein hohes Maß an Empowerment erreicht (Picot et al., 2012, S. 558). Besonders mit herausragenden Führungskräften und Managern, die an dem Vorhaben partizipieren, kann das Engagement im gesamten Unternehmen für eine positive Entwicklung des Projekts gefördert werden.

3. Formulierung einer strategischen Vision und Entwicklung von Change-Initiativen: Neben einer faktenbasierten und sachlichen Darstellung seiner Thematik und Vorstellungen hätte Bodo Müller eine strategische Vision, die sich mit der Unternehmensvision verträgt, einbeziehen sollen. Nach Kotter (2015, S. 89-90) ist eine gute Vision einfach zu vermitteln, verständlich, strategisch, emotionalisierend und intelligent formuliert. Sie fungiert als Leitbild für den angestrebten Erfolg, ist informationsstiftend und schafft allen Koalitionsmitgliedern eine Orientierung. Sie muss also den Verstand und das Herz gleichermaßen ansprechen (Hinterhuber, 2011, S. 85). Eine solche Vision könnte an die aktuelle Unterneh-

mensvision angelehnt werden und sich zum Ziel setzten, neben Marktführer der Branche zu werden, auch das beste und nachhaltigste „C-Level Marketing" der Branche aufzubauen.

4. Kommunikation der Vision und der Strategie, um Unterstützung und Freiwillige zu gewinnen: Um möglichst viele freiwillige Anhänger zu finden, die sich im eigenen Vorhaben engagieren, ist es wichtig, eine mit Leben gefüllte Vision zu entwickeln (Kotter, 2015, S. 90). Wären die Personen der obersten Hierarchieebenen von einer attraktiven Vision Bodo Müllers begeistert worden, hätte dies positive Auswirkungen im gesamten Unternehmen haben können. Ausgehend von der obersten Führungsebene wären die dort unterstehenden Instanzen informiert und überzeugt worden, sodass sich Bodo Müllers Strategie im gesamten Unternehmen etabliert hätte und seine Vision verfolgt worden wäre. Für eine bedarfsgerechte Umsetzung seiner Maßnahme wären Informationen der Mitarbeiter wichtig gewesen. Je mehr Feedback Bodo Müller über seine Mitarbeiter und Zuhörer gehabt hätte, desto besser hätte er seine Strategie nach ihnen ausrichten können. Er hätte sich also bereits nach dem ersten Meeting ausreichend Informationen der Marketing VP's einholen sollen, um zu wissen, wie er seine Maßnahme erfolgreicher umsetzen könnte.

5. Beseitigung von Hindernissen, um rasches Vorankommen zu ermöglichen: Bei auftretenden Problemen kann ein Freiwilliger sich dessen annehmen, falls der zuständige Mitarbeiter keine Zeit hat. Es findet eine genaue Definition des Problems statt, die mit der Freiwilligenarmee geteilt wird, sodass sich noch mehr Mitglieder einbringen. In einem Diskurs findet eine Analyse des Problems über dessen Ursachen und eine Ausarbeitung zu möglichen Lösungen statt. Diese wird den Vorgesetzten präsentiert, die ein Feedback und im besten Fall Kapital sowie weitere Ressourcen freisetzen (Kotter, 2015, S. 90-91). Bodo Müller hätte die Mitarbeiter stärker für seine Strategie sensibilisieren und begeistern sollen, sodass eine starke Identifikation mit dem Wandel eintritt. Mit einer klar definierten Vision und Strategie hätte er ausgehend von der Führungsebene viele Freiwillige Mitarbeiter für sich gewinnen können. Gerade aus einer breit aufgestellten und motivierten Arbeitsgruppe heraus hätte man wiederum weitere Anhänger für sich gewinnen können, sodass sich eine kollektive Akzeptanz und Zustimmung dem gegenüber einpendelt. Die Ursachen von Problemen und mögli-

che Lösungsansätze hätte man den Vorgesetzten präsentieren können und sich schnelles Feedback holen oder sogar Budget einräumen können.

6. Zelebrieren von schnellen, bedeutenden Erfolgen: Um die Sinnhaftigkeit der Maßnahmen und Entscheidungen zu verdeutlichen, braucht es ausreichend Feedback von außen. Möglichst schnelle Erfolge, die am besten im Zusammenhang mit der Vision stehen, sollten gefeiert werden. Dies fördert die Motivation und dessen Übertragung auf andere Mitarbeiter. Auch wenn keine Erfolge zu verbuchen sind, ist dies ein hilfreiches Indiz dafür, dass man etwas ändern muss (Kotter, 2015, S. 91). Im Falle Bodo Müllers war der Zeitraum zwischen beiden Marketing-Boards anscheinend zu groß, um schnelles Feedback zu bekommen, motiviert weiterzuarbeiten oder seine Strategie gegebenenfalls anzupassen. Zudem blieben schnelle Erfolge aus, weil sich anscheinend niemand so wirklich mit seiner Idee identifizieren konnte. Schnelles Feedback und Erfolgserlebnisse hätten die Mitarbeiter positiv stimmen und dessen Motivation steigern können. Erste erfolgreiche Tests einer neu konzipierten „C-Level-Marketing-Strategie" oder positive Rückmeldungen seitens der Krankenhausadministrationen und Einkaufsabteilungen hätten die Marketing VP's überzeugen können sich in Bodo Müllers Vorhaben zu engagieren.

7. Nicht nachlassen, stets weiterlernen und nicht zu früh den Sieg ausrufen: Um wettbewerbsfähig zu sein, müssen Unternehmen innovativ sein und bei strategischen Initiativen am Ball bleiben, da es ansonsten zu Widerstand kommen kann. Dringlichkeit im strategischen Bereich sorgt dafür, dass das Unternehmen ständig in Bewegung ist (Kotter, 2015, S. 91). Um flexibel zu sein und auf Veränderungen im Markt schnell reagieren zu können, wäre eine kontinuierliche Erfassung von Marktdynamiken und -veränderungen sinnvoll. Trotz Zustimmung und einer positiven Reaktion der VP's nach dem ersten Marketing-Board hätte er seine Strategie weiter verbessern und ausbauen sollen, um mit einer breiten Akzeptanz im Unternehmen in die Arbeitsgruppe zu starten. Nach dem Scheitern seiner Teilziele hätte er seine Mitarbeiter weiter motivieren sollen.

8. Institutionalisierung des strategischen Wandels in der Unternehmenskultur: Damit die Strategie nachhaltig in die Unternehmenspraxis eingeführt und verfolgt wird, ist es wichtig, dass diese in die Kultur des Unternehmens übergeht (Kotter, 2015, S. 91). Damit Bodo Müllers Strategie in der Unternehmenskultur der Gesundheits- und Medizintechnik AG Einzug gefunden hätte, wäre es wichtig ge-

wesen, dass sie sich mit ihr vertragen und die Grundbausteine der Unternehmenskultur berücksichtigt worden wären. Mit einem innovativen und ganzheitlichen Ansatz sowie einer emotionalisierenden Vision hätte die Strategie ausgehend von der Führungsebene im Unternehmen etabliert und an die Unternehmenskultur gekoppelt werden können.

3 Strategieimplementierung

Die Strategieimplementierung umfasst die Umsetzung strategischer Pläne in konkretes, strategiegeleitetes Handeln der Unternehmensmitglieder (Welge & Al-Laham, 2012, S. 938). Sie kann in die folgenden zwei Phasen der Durchsetzung und Umsetzung unterteilt werden.

3.1 Durchsetzung

Die Phase der Durchsetzung ist vor allem von verhaltensbezogenen Aufgaben geprägt. Das übergeordnete Ziel ist es, eine Akzeptanz für strategische Beschlüsse bei den Mitarbeitern zu erzeugen. Gegenstand der Durchsetzungsphase sind die Vermittlung der Strategie, die Einweisung und Schulung und die Schaffung eines strategiebezogenen Konsenses (Welge & Al-Laham, 2012, S. 807 ff.).

Um eine Strategie im Unternehmen umzusetzen, bedarf es einer aktiven Unterstützung und eines Verständnisses aller Beteiligten. Die Mitarbeiter innerhalb und auch außerhalb der Zentrale sollten die Strategie verinnerlichen und erfolgsorientiert an ihr arbeiten (Kaplan et al., 2001, S. 12-13). Bei einer mangelhaften Vermittlung der Strategie ist ein Scheitern oftmals schon vorprogrammiert (Raps, 2017, S. 16). Bodo Müllers Maßnahme könnte zunächst so aussehen, in einem ersten Meeting mithilfe von Zahlen und Fakten bei allen beteiligten Mitarbeitern und Führungskräften ein sachliches Verständnis zu erzeugen. Hat er das geschafft, gilt es neben dem direkten (sachlichen) Vermitteln von Strategieinhalten, die Mitarbeiter mithilfe einer klaren Vision positiv zu emotionalisieren. Hier kann er das Storytelling einsetzen, indem er die Vision in eine emotionale Geschichte verpackt. „Storytelling ist eine Methode des Geschichten-Erzählens, um verschiedene Botschaften des Unternehmens, seiner Produkte oder seiner Werte zu emotionalisieren und zu verbreiten" (Franken, 2016, S. 222). Nach Remdisch (2015) werden so „die Mitarbeiter „mitgenommen" und erkennen eine attraktive Vision für die Zukunft" (S. 37). Die Mitarbeiter mit einer hohen emotionalen Bindung weisen eine höhere Leistungsmotivation, niedrigere Fehlzeiten und Fluktuationsraten aus sowie reichen mehr Ideen und Vorschläge ein (Franken, 2016, S. 234).

Ein Veränderungsprozess erfordert dem Wandel entsprechende Entscheidungsmuster und Handlungen. Dadurch entsteht oftmals ein Bedarf an strategiebezogenen Qualifikationen (Welge & Al-Laham, 2012, S. 808). Nach der sachlichen und emotionalen Vermittlung seiner Strategie könnte Bodo Müller den Schwung mitnehmen und mit einer Arbeitsgruppe an freiwilligen Mitarbeitern aus allen Hierarchieebenen die speziellen Anforderungen eines solchen Wandels hin zu einem „C-Level Marketing" definieren. Die Definition erfolgt gemeinsam mit der Integration der Kunden (Vertreter der Krankenhäuser) nach dem Open Innovation Prinzip. „Open Innovation ist als eine Öffnung der klassischen Forschungs- und Entwicklungsabteilungen zu verstehen. Mitarbeiter, Kunden, Lieferanten, Kooperationspartner (...) werden in Innovationsprozesse integriert oder können sie selbst bei Unternehmen initiieren" (Haase, 2017, S. 1). Durch die Einbindung der Kunden erarbeitet er mit der Arbeitsgruppe eine für sie bedarfsgerechte und individuell abgestimmte Strategieausrichtung, aus der spezielle Anforderungen für die eigene Belegschaft resultieren. Diese Anforderungen werden gesammelt, priorisiert und die wichtigsten Punkte zu einem Schulungsplan gebündelt, der mithilfe von internen und externen Experten den Mitarbeitern das notwendige Know-how vermitteln soll. Dadurch werden alle Mitarbeiter ausreichend fachlich geschult sein, um einen Strategiewandel optimal umzusetzen.

Bei tiefgreifenden Strategieimplementierungen können sich bestehende Machtstrukturen eines Unternehmens verändern. Dies kann zu Konflikten in den jeweiligen Hierarchieebenen führen, die es zu behandeln gilt, da es ansonsten zu nicht unerheblichen Willensbarrieren oder dem Scheitern der Implementierung kommen kann (Welge & Al-Laham, 2012, S. 809). Aus diesem Grund sollte Bodo Müller zunächst ein Konfliktmanagement einführen, welches sich genau dieser Problematik entgegenstellt. Konflikte können, anders als häufig angenommen, nach konstruktiver Nutzung und Lösung eine Antriebskraft für Veränderungen und Entwicklungen darstellen (Oldhafer et. al., 2019, S. 112). Nach Corsten und Corsten (2012, S. 12) können im Rahmen der Strategieumsetzung

Ziel-, Verteilungs-, Durchsetzungs- und Kulturkonflikte auftreten. Zur Vorbeugung von Zielkonflikten sollte Bodo Müller die Zielvereinbarungen und Vorgaben klar definieren. Die strategische Ausrichtung muss von allen Beteiligten verstanden und durch entsprechende Ausrichtung der Bereichsaktivitäten unterstützt werden (Doppler & Lauterburg, 2008, S. 282). Bei Verteilungskonflikten sollte er einen Interessenausgleich anstreben (Win-Win-Situation). Nach (Raps, 2017, S. 184) kann er dadurch eine weitreichende Akzeptanz der Strategie erzeugen und Spannungen komplett abgebaut werden. Diese Form setzt jedoch kooperatives Verhalten, freien Informationszugang und ein entsprechendes Zeitbudget voraus (Krüger, 1981, S. 924). Falls ein Interessenausgleich nicht möglich erscheint, muss sich Bodo Müller genügend Rückenwind aus der Führungsebene holen und mit der Androhung von Machteinsatz eine Austragung eines Konflikts verhindern können. Er sollte unter dem Aspekt der Konsensbildung die Integration einer Drittpartei im Hinterkopf behalten. Diese kann in Form von Coaches oder Beratern in Erscheinung treten. Der positive Effekt auf die Konfliktbewältigung ist umso stärker, desto größer die von den Konfliktträgern entgegengebrachte Akzeptanz ihnen gegenüber ist (Raps, 2017, S. 185). Bei Kulturkonflikten könnte sich Bodo Müller auf das von Welge und Al-Laham (2012, S. 809-811) beschriebene Kulturmodell zurückgreifen. Dabei übernimmt das Management, nachdem es eine Strategie formuliert, die Rolle eines Trainers. Dieser fördert durch die Verankerung der Vision die Umsetzung der Strategie. Im Sinne der Unternehmenskultur dient die Vision als Leitfaden für die Ableitung operativer Maßnahmen. Er sollte also bereits in der Phase der Strategieentwicklung den Faktor Unternehmenskultur mit einbeziehen, um potenzielle Konflikte zwischen Kultur und Strategie zu vermeiden (Homma, Bauschke & Hofmann, 2014, S. 77).

3.2 Umsetzung

Die Phase der Umsetzung hält eine sachbezogene Ausrichtung inne und es geht darum einen reibungslosen Ablauf zu erzeugen (Corsten & Corsten, 2012, S. 209). Folgende Aufgaben sind hier zu beachten (Bamberger & Wrona, 2012, S. 476):

1. Die Transformation strategischer Entscheidungen bzw. Pläne in konkrete Aktionen,

2. die Anpassung von Managementsystemen, Organisationsstrukturen und –prozessen, der Unternehmenskultur sowie des Personals und des Führungskräftepotenzials an die formulierten Strategien,

3. die Motivation und Mobilisierung der Mitarbeiter sowie die Zusicherung der Unterstützung durch Akteure, die durch die Strategie betroffen werden.

Bei der Transformation geht es darum, strategische Entscheidungen in konkrete Maßnahmen zu überführen. Daran anlehnend sollte eine Kosten- und Ressourceneinschätzung, die Festlegung von Verantwortlichkeiten, die Konkretisierung von Anfangs- und Endzeitpunkten sowie die Formulierung nach Inhalt, Ausmaß und Zeit definierten Ziele erfolgen. Diese Aktionspläne werden nach Priorität und Fristen in einen Metaplan zusammengefasst, wodurch ein Gesamtüberblick über das Strategieprojekt deutlich wird (Haake & Seiler, 2012, S. 129 ff.). Mit einer eigens von ihm geschaffenen Abteilung sollte Bodo Müller die zuvor dargestellten Maßnahmen umsetzen. Es müssen die Prioritäten genau erarbeitet werden und beschlossen werden, wann die Umsetzung wie erfolgen soll. Die Abteilung wird so gestaltet, dass Verantwortlichkeiten gleichmäßig auf mehrer Mitarbeiter verteilt werden, um wenige einzelne Führungskräfte zu entlasten und jeder Person mehr Handlungsspielräume zu gewährleisten. Jeder konkreten Maßnahme ist eine Führungsperson und ein Team übergeordnet. Diese fassen die Ergebnisse zu einem auf die Unternehmenseinheiten abgestimmten Metaplan zusammen, der anschließend mit allen Beteiligten geteilt wird.

Bei der Anpassung kommt es sowohl zu der Entwicklung der Organisationsstruktur, Unternehmenskultur und der Managementsysteme als auch der Veränderung von Menschen (Kreikebaum, Gilbert & Behnam, 2011, S. 165-173; Venzin, Rasner & Mahnke, 2010, S. 165-173). Bodo Müller sollte eine neue Organisations- und Prozessstruktur schaffen, die aus seiner Strategie resultiert. Im deutschen Raum sollten alle Unternehmenseinheiten zu einem ganzheitlichen „C-Level Marketing" gebündelt werden, woraus eine genaue Beschreibung von neuen Rollen und Aufgaben erfolgt (Venzin, Rasner & Mahnke, 2010, S. 223 ff.). Daraus wird wiederum ein Personalbedarf in quantitativer und qualitativer Hinsicht zu ermitteln sein, um die Struktur für den Strategiewandel anzupassen. Es sollten Anforderungsprofile erstellt werden, die mit den Ist-Fähigkeiten abgeglichen werden. Mit Informationen aus diesem Abgleich sollte Bodo Müller Entschlüsse treffen und bei Qualitätsdefiziten Schulungsprogramme initiieren oder Mitarbeiter mit entsprechenden Fähigkeiten einstellen (Welge & Al-Laham, 2012, S. 804).

Da es während der Umsetzungsphase zu sogenannten „Durchhängern" kommen kann, ist es wichtig, die Motivation der Mitarbeiter aufrecht zu erhalten (Haake & Seiler, 2012, S. 125). Bodo Müller sollte sich eine verantwortliche (interne oder externe) Führungspersönlichkeit suchen, die von Mitarbeitern seiner Arbeitsgruppe akzeptiert und wertgeschätzt wird. Diese nimmt sich im Sinne der Interventionstaktik zunächst die Kommunikation der Notwendigkeit einer Veränderung vor. Das Ziel hierbei ist es, Leistungsdefizite oder Verbesserungspotenziale aufzudecken. Aus diesen Erkenntnissen entwickelt die Führungskraft einen Plan, welcher in allen Phasen von ihr begleitet wird. In der Interventionstaktik fungiert sie als Change Agent, der den strategischen Prozess in seinen wichtigsten Schritten begleitet und bei sozialen und politischen Fragen Verantwortung übernimmt (Raps, 2017, S. 37). Während des gesamten Prozesses wird dafür gesorgt, dass Mitarbeiter genügend freie Handlungsspielräume erhalten (Sathe, 1989, S. 26). Im Konzept von Herzberg wird der Handlungsspielraum („Verantwortung") als Motivator bezeichnet, der zur intrinsischen Motivation führen soll (Herzberg, 1988, S. 46). Sowohl Aufgaben als auch Situationen werden so gestaltet, dass sie als herausfordernd, befriedigend und motivierend empfunden werden. Sie bewirken, dass Handlungen oder Handlungsergebnisse um ihrer selbst Willen angestrebt werden, woraus eine intrinsische Motivation entstehen kann (Zimbardo & Gerrig, 2008, S. 416 ff.). Zudem sollten, wie zuvor beschrieben, schnelle und eindeutige Erfolge gefeiert und dem Team präsentiert werden, um die Motivation aufrecht zu erhalten (Kotter, 2015, S. 91).

4 Balanced Scorecard

Die Balanced Scorecard ist ein strategisches Managementsystem, welches den Handlungsrahmen für Managementprozesse bildet. In diesen Rahmen fällt die Setzung von Zielen, die Kommunikation und Umsetzung von Strategien, die Planung und Budgetierung, die Gestaltung von Anreizsystemen oder die Kontrolle (Bamberger & Wrona, 2012, S. 382). Das Fundament der Balanced Scorecard bilden die Vision des Unternehmens und die entsprechenden Strategien (Müller-Stewens & Lechner, 2011, S. 598).

Dessen Realisierung erfolgt mit dem Arbeiten vierer Perspektiven und dem Aufbau von Ursache-Wirkungsketten (Kaplan et al., 2004, S. 9).

4.1 Ursache-Wirkungskette

Die Vision der Gesundheits- und Medizintechnik AG ist es, brancheninterner Marktführer zu werden. Diese Vision wird mit Bodo Müllers Strategie ausgebaut, indem er versucht, das erfolgreichste und nachhaltigste „C-Level Marketing" zu etablieren.

Als additionale Perspektive wird die Kommunikationsperspektive gewählt, da sie einen wesentlichen Bestandteil in der Ursache-Wirkungskette darstellt und sich möglichst durch alle Perspektiven ziehen sollte. Ein kontinuierlicher Kommunikationsprozess und Informationsaustausch innerhalb des Unternehmens sowie zwischen Unternehmen und Kunden stellt ein wichtigen Nährboden dar, aus dem die Realisierung der Strategie und der Unternehmenserfolg wachsen kann. Zu Beginn der Ursache-Wirkungskette, in der Kommunikationsperspektive, ist zunächst eine ausreichende Informierung der Beteiligten wichtig. Die Aufklärung und Informationen sollten in einem Austauschprozess unter allen Mitarbeitern münden, welcher kritisch und kontinuierlich ist. Dies sollte sowohl offline und auch digital erfolgen können. Dadurch kann später die Kundenzufriedenheit und die Wahrscheinlichkeit eines Projekterfolges gesteigert werden (Sandmeier, Morrison & Gassmann, 2010, S. 103). Ein hierarchisches System kann auf Dauer nur dann funktionieren, wenn zwischen den verschiedenen Ebenen ein kontinuierlicher und gegenseitiger Informationsaustausch erfolgt (Raps, 2017, S. 212). Darauf folgt fließend die Lern- und Entwicklungsperspektive. In dieser Perspektive geht es um die Schaffung einer lernenden Organisation, die sich stets wandelt, erneuert und weiterentwickelt (Welge & Al-Laham, 2012, S. 832). Eine Öffnung der Organisation für relevante Kunden (Vertreter von Einkaufsabteilungen der Krankenhäuser und Krankenhausadministrationen) und deren Einbindung nach dem bereits beschriebenen Open Innovation Ansatz könnte genau diesen Lern- und Entwicklungsprozess fördern, den Beteiligten neue Perspektiven aufzeigen und helfen, neue Anforderungen zu definieren. Diesen Ansatz könnte man an eine sogenannte „User-Storys" knüpfen. Diese spielt sich aus Sicht des Kunden ab und beschreibt, was ein ganzheitliches „C-Level Marketing" für den Kunden tun soll. Die „User Story" ist leicht verständlich und sollte fortlaufend angepasst werden. Dadurch wird sowohl ein Informationsaustausch angeregt und zum anderen sichergestellt, dass die Anforderungen von allen Seiten verstanden werden können (Rubin, 2012, S. 120 ff.). Genau festgelegte Personalanforderungen können die Definition von Anforderungsprofilen fördern, welche die Besetzung eines funktionierenden Marketing-teams oder der Implementierung eines Schulungsplans unterstützen. Es werden Prozess-parameter identifiziert, welche die Herstellung von Produkten und Dienstleistungen positiv beeinflussen (Prozessperspektive) (Venzin, Rasner & Mahnke, 2010, S. 35). Ein partizipatives, ganzheitliches und effizienzoptimierendes „C-Level-Marketing" sorgt seitens der Kunden für eine stärkere Identifikation mit dem Unternehmen, da diese involviert werden (Kundenperspektive). Durch dessen Einbindung können kognitive Dissonanzen abgebaut werden und Bodo Müller gewinnt mehr Informationen, wie man die Kunden zufriedenstellen könnte. Auch umgekehrt, seitens der Kunden, führt der stärkere Austausch zu einem Abbau des Informationsdefizits (Meffert & Bruhn, 2009, S. 59; Gouthier, 2011, S. 391-392). „Je mehr ein Kunde seinen Bedarf bei einem bestimmten Anbieter A deckt, umso seltener kann er die Qualität und den Service der Wettbewerbs-produkte bzw. -anbieter „eigenhändig" verspüren und auf diese Weise zum Lieferanten-wechsel verleitet werden" (Diller, 2011, S. 252). Die Kundenzufriedenheit und das Ver-trauen bilden die Grundlage für eine innere Verbundenheit des Kunden gegenüber einem Unternehmen (Bliemel & Eggert 1998, S. 41). Aus der großen Kundenzufrieden-heit und -bindung resultieren Umsatzzuwächse, Imageverbesserungen und die Steige-rung der Rentabilität (Welge, Al-Laham & Eulerich, 2017, S. 846). Damit gelingt es der Gesundheits- und Medizintechnik AG Marktanteile zu vergrößern und den Unterneh-menserfolg zu steigern (Finanzperspektive).

4.2 Festlegung Ziele, Kennzahlen, Vorgabe und Maßnahmen

Auf die Erstellung einer Ursache-Wirkungskette folgt im dritten Schritt die Festlegung der Ziele und Teilziele, Kennzahlen, Vorgabe und Maßnahmen (Welge & Al-Laham, 2012, S. 834). Diese im Folgenden tabellarisch dargestellt:

Tab. 2: Festlegung Ziele, Kennzahlen, Vorgabe und Maßnahmen

Perspektive	Ziel	Kennzahl	Vorgabe	Maßnahme
Kommunikationsper-spektive	Verbesserung der di-gitalen Kommunikati-on zur Förderung und Beschleunigung des Kommunikations- und Informationsaustau-sches.	Eines digitaler Pro-jektraum im Intranet des Unternehmens.	Innerhalb von 4 Wo-chen	Im Intranet des Unter-nehmens wird ein vir-tueller Projektraum eingerichtet, in dem alle wesentlichen In-formationsmaterialen Bodo Müllers Projekt

				hinterlegt werden. Jeder Mitarbeiter kann darauf zugreifen. Darüber hinaus werden regelmäßig Flyer zum Fortschritt des Implementierungsvorhabens erstellt und Video-Botschaften aus der Führungsebene an die Mitarbeiter verteilt, in denen Meilensteine des Projektes kommentiert werden.
Lern- und Entwicklungsperspektive	Vergrößerung des Informationspools mit Kundeninformationen.	10 relevanten Kunden	Innerhalb von 10 Wochen	Relevante Kunden des Unternehmens werden aktiv in den Entwicklungsprozess eingebunden. Zusätzlich werden mit ihnen „User Stories" erstellt, die anschließend ausgewertet werden.
Geschäftsprozessperspektive	Beschleunigung der Bearbeitungs- und Durchlaufzeit zur Identifizierung der Kundenbedürfnisse	Beschleunigung um 35 %	Innerhalb von 12 Wochen	Aus den „User-Stories" der Kunden werden „Prozessbeschleunigen" abgeleitet
Kundenperspektive	Steigerung der Kundenzufriedenheit.	Die Kundenzufriedenheit wird mit Hilfe einer direkten Kundenbefragung ermittelt (Homburg & Fürst, 2010, S. 604-614).	Innerhalb von 1 Jahr	Implementierung eines bedarfsgerechten und ganzheitlichen „C-Level Marketing".
Finanzperspektive	Marktanteilssteigerung	Steigerung auf 50 %	Innerhalb von 4 Jahren	Aufbau eines nachhaltigen und effizienten „C-Level Marketing".

5 Unternehmensethik

5.1 Praxisbeispiel

Alles begann mit einem Artikel in der „Süddeutschen Zeitung", als der größte Verein Deutschlands mit 19 Millionen Mitgliedern über Nacht in einen Reputationsskandal rutschte. In diesem Bericht ging es um die Wahl zum „Lieblingsauto der Deutschen", dem ADAC-Autopreis „Gelber Engel", in der ADAC-Kommunikationschef Michael Ramstetter die Abstimmungszahlen bei der Wahl manipuliert haben soll. Dies wurde zunächst vom ADAC bestritten und als „Skandal für den Journalismus" gehalten. Die genauen Abstimmungszahlen wurden zunächst nicht bekannt gegeben, jedoch gab Ramstetter zwei Tage nach dem Dementi zu, bei der Angabe der Stimmzahlen tatsächlich betrogen zu haben. Darauf folgte sein Rücktritt von seinen Ämtern am 18.01.2014. ADAC-Geschäftsführer Obermair entschuldigte sich und gab zu, dass Ramstetter in den Jahren zuvor bereits Stimmzettel fälschte. Nach ihm werde der ADAC allen Vorwürfen nachgehen und für Aufklärung sorgen. Auch gegenüber ADAC-Präsident Peter Meyer wurden Rücktrittsforderungen laut. Er bezeichnete sich jedoch selbst als „Garant für die Aufklärung" des Skandals und wies alle Beschuldigungen von sich zurück, obwohl bekannt war, dass die Zahlen für den „Gelben Engel" bereits seit mindestens 2009 geschönt worden waren. Laut der Wirtschaftsprüfung Deloitte seien bereits zwischen 2005 und 2013 die Wahlen zum „Lieblingsauto" der Deutschen stark manipuliert worden, um eine größere Markenvielfalt in den Top-5 Ergebnissen zu erreichen. Doch davon nicht genug. Stück für Stück kamen zunehmend skandalöse Fakten ans Licht. Am 24.01.2014 hat sich herausgestellt, dass Präsidiumsmitglieder des ADAC sich in von Spendengeldern finanzierten Rettungshubschraubern zu verschiedenen Veranstaltungen hatten fliegen lassen. Begründet wurde es damit, dass die Präsidiumsmitglieder dazu berechtigt wären, für dienstliche Anlässe bei Verfügbarkeit ausschließlich Reservemaschinen der Luftrettung in Anspruch zu nehmen. Es sei alles im Rahmen der unternehmerischen Verantwortung durchgeführt worden. Später kam heraus, dass auch die 18 Vorsitzenden der Regionalklubs die Hubschrauber für private Zwecke verwendeten. In Anschluss daran kamen weitere Fakten zum Vorschein wie den Bau einer Villa für den Geschäftsführer durch den ADAC-Regionalklub oder das Trockenföhnen eines unter Wasser stehenden Fußballplatzes in Braunschweig mithilfe der Rotorblätter eines ADAC-Hubschraubers. Daraufhin legte der ADAC-Präsident Peter Meyer sein Amt aufgrund hohem öffentlichen Drucks nieder. Er wolle nicht länger alleine für die Fehler und Manipulationen von hauptamtlichen Führungskräften verantwortlich gemacht werden. Anfang April 2014 trennten sich auch die Wege vom ADAC und Geschäftsführer Karl Obermair. Die Schlagzeilen wirkten sich stark negativ auf die Mitglieder aus, sodass rund 320.000 von ihnen ihre Mitgliedschaft kündigten (Ternès & Runge, 2016, S. 25 ff.).

5.2 Unternehmenswerte

Der ADAC richtet sein Handeln nach folgenden Grundlagen aus:

1. Das Mitglied steht im Mittelpunkt: Der Verein richtet das Handeln nach den Interessen der Mitglieder aus.

2. Der ADAC bietet Qualität: Der Klub bietet bedarfsgerechte Dienstleistungen und Produkte in einem guten Preis- Leistungsverhältnis an. Die Vermittlung eigener Dienstleistungen hat Vorrang vor der Vermittlung von Dienstleistungen

Dritter. Zudem soll eine wirtschaftliche Denkweise und Handeln die Wettbe-
werbsfähigkeit des ADAC's sichern.

3. Der ADAC ist ein neutraler und unabhängiger Verbraucherschützer: Die fachli-
che Kompetenz sowie entsprechende Maßnahmen des Klubs verhindern Interes-
senkonflikte und schaffen Transparenz. Der ADAC bindet seine Mitglieder sowohl in Öffentlichkeitsfragen als auch politischen Themen ein und hält eine mo-
derierende sowie aufklärende Rolle inne.

4. Der ADAC hat eine klare, transparente und nachvollziehbare Struktur: Das wirtschaftliche Handeln und Aktivitäten des Vereins werden durch den organisatori-
schen Rahmen getrennt.

5. Der ADAC bekennt sich zum Ehrenamt und zu einer hauptamtlichen Geschäftsführung: Die Ausrichtung, Zielsetzung und Strategie des ADAC's obliegt einer
demokratischen Struktur und er lebt maßgeblich vom ehrenamtlichen Engagement. Die Strategieumsetzung, die eigenverantwortliche Leitung und Steuerung
des operativen Geschäfts wird von der hauptamtlichen Geschäftsführung verant-
wortet.

6. Der ADAC ist unabhängig, handelt sachlich und fair und ist einem hohen ethischen Standard verpflichtet: Das Regelwerk des Klubs stellt den Handlungsrahmen und dessen Einhaltung in der Organisation sicher. Der Klub ist sich zudem
der besonderen Verantwortung durch die starke Öffentlichkeitswahrnehmung
bewusst und handelt bei der Entwicklung, Finanzierung, Abgabe und Sicherung
seiner Produkte und Leistungen eigenverantwortlich.

7. Alle Personen, die haupt- und ehrenamtlich für den ADAC sowie im Namen des
ADAC tätig sind, sind einander und der Organisation verpflichtet und gehen re-
spektvoll miteinander um: Der ADAC zeichnet sich durch Qualifikation sowie
Leistungsbereitschaft seiner Mitarbeiter aus und hat eine offene und ehrliche
Haltung gegenüber Mitgliedern, Mitarbeitern und der Öffentlichkeit.

8. Die im Namen des ADAC e.V., der Regionalklubs sowie der Tochtergesellschaften handelnden Personen sind dem Leitbild des ADAC verpflichtet: Die
Tochtergesellschaften, Regionalklubs und der ADAC e.V. stellen einen einheit-
lichen Markenauftritt sicher (ADAC e.V., 2018).

5.3 Wertebruch

Die Manipulation der Abstimmungszahlen bei der Wahl zum „Lieblingsauto der Deutschen" stellt zunächst in interner und externer Wirkung einen großen Vertrauensbruch dar. In den Leitsätzen des ADAC's spricht der Klub davon, dass man fair handle und sich ethischen Standards verpflichtet fühle. Zusätzlich sei er sich aufgrund der Vereinsgröße seiner starken Verantwortung in der öffentlichen Wahrnehmung bewusst. Gegen all dies verstößt der Verein mit einem solchen Manipulationsskandal und hält sich nicht an seine eigenen Leitsätze. Vielmehr nutzt der Verein seine Wahrnehmung und Reichweite aus, um die Mitglieder vor falsche Tatsachen zu stellen. Zudem richtet sich der Klub an dem Wort „Transparenz" aus. Dass Stück für Stück mehr Skandale vom ADAC nach außen dringen, diese sogar vom Klub dementiert werden, zeigt, dass weder Transparenz vorherrscht noch das Interesse besteht, für ausreichend Aufklärung und Klarheit zu sorgen. Auch gegen den Leitsatz, dass der ADAC eine offene und ehrliche Haltung gegenüber Mitgliedern, Mitarbeitern und der Öffentlichkeit habe, wird verstoßen. Die Tatsache, dass man jahrelang die Abstimmungen in die Richtung manipuliert hat, eine größere Markenvielfalt in den Top-5 Ergebnissen zu erzeugen, stellt ebenfalls einen Wertebruch dar. Dieser bezieht sich auf den Grundsatz ein „neutral und unabhängig" handelnder Verbraucherschützer zu sein. Vielmehr ist hier ein egoistisches Verhalten zu erkennen, welches weder fair gegenüber anderen Automarken noch internen Interessengruppen ist. Dass von Mitgliedsbeiträgen finanzierte Hubschrauber für private Zwecke oberster Funktionäre eingesetzt wurden, lässt sich weder ethisch noch mit der Verantwortung in der öffentlichen Wahrnehmung vertreten.

5.4 Konsequenzen

Die Manipulation durch den ADAC's ist der Anfang einer Aneinanderreihung von unentschuldbaren Fehltritten und Wertebrüchen. Der widerwillige Rücktritt des Vereinspräsidenten ohne Schuldeinsicht und die öffentliche Belustigung über skandalöse Enthüllungen seitens der Geschäftsführung sind ein Zeichen schlechten Krisenmanagements, welches zu Spott und Häme führte. Die Vielzahl an Skandalen stellen einen starken Vertrauensbruch dar, der mit Blick auf interne Stakeholder nicht ohne Folgen blieb. Wie bereits erwähnt, kündigten als Folge der Skandalenthüllungen zwischen Januar und Mai 2014 rund 320.000 Mitglieder ihre Mitgliedschaft im ADAC - das sind rund 1,8 % der gesamten Mitglieder. Den Status der größte Verein Deutschlands zu sein, verlor der

ADAC hingegen nicht. Neben den Rücktritten in den obersten Hierarchieebenen, drohte dem Klub zeitweilig sogar die Aberkennung des Vereinsstatusses. Dieser Status stellt für den ADAC ein großes Kosteneinsparungspotenzial dar und gibt ihm die Möglichkeit, eigene Leistungen preiswerter als andere Versicherungskonzerne anzubieten (Ternès & Runge, 2016, S. 29). Dies wäre mit dem Aberkennen des Vereinsstatusses nicht mehr möglich, sodass es für externe Stakeholder weitreichende Folgen hätte. Die Kunden könnten zum Beispiel höhere Preise für die Leistung der Pannenhilfe erwarten. Die steigenden Preise als Folge einer Skandalserie könnten die Kunden dazu bringen, nach Alternativangeboten zu schauen, sodass sich der ADAC in einen starken Wettbewerb mit anderen Versicherungsanbietern bewegen würde. Der Staat hingegen würde Mehreinnahmen durch höhere Steuerabgaben vom ADAC erhalten.

6 Literaturverzeichnis

ADAC e.V. (2018). Neues Leitbild des ADAC. Zugriff am 14.01.2019. Verfu gbar unter: https://www.adac.de/wir-ueber-uns/reform-fuer-vertrauen/leitbild/default.aspx?ComponentId=220981&SourcePageId=8749&quer=leitbild

Bamberger, I. & Wrona, T. (2012). *Strategische Unternehmensfu hrung. Strategien, Systeme, Prozesse* (2. Aufl.). Mu nchen: Vahlen.

Bliemel, F. W. & Eggert, A. (1998). Kundenbindung – die neue Sollstrategie?. *Marketing ZFP, 1*, 37-46.

Corsten, H. & Corsten, M. (2012). *Einführung in das strategische Management* (Bd. 8487). Konstanz: UVK Universitätsverlag.

Diller, H. (2011). Die Bedeutung des Beziehungsmarketing fu r den Unternehmenserfolg, in H. Hippner, B. Hubrich & K. D. Wilde (Hrsg.), *Grundlagen des CRM. Strategie, Geschäftsprozesse und IT-Unterstu tzung*(3. Aufl.) (S. 248-270). Wiesbaden: Gabler-Verlag.

Doppler, K. & Lauterburg, C. (2014). *Change Management. Den Unternehmenswandel gestalten* (13., aktualisierte und erweiterte Auflage, erw. Ausg). Frankfurt am Main: Campus.

Franken, S. (2016). *Führen in der Arbeitswelt der Zukunft. Instrumente, Techniken und Best-Practice-Beispiele*. Wiesbaden: Springer Gabler.

Gouthier, M. H. J. (2011). Neukundenmanagement. In H. Hippner, B. Hubrich & K. D.Wilde (Hrsg.), *Grundlagen des CRM. Strategie, Geschäftsprozesse und IT-Unterstützung* (3. Aufl.) (S. 374–408). Wiesbaden: Gabler-Verlag.

Haake, K. & Seiler, W. (2012). *Strategie-Workshop. In fünf Schritten zur erfolgreichen Unternehmensstrategie* (2., überarb. und aktual. Aufl.). Stuttgart: Schäffer-Poeschel.

Haase, I. (2017). *Kommunikation in Open Innovation-Prozessen von kleinen Unternehmen*. Wiesbaden: Springer Gabler.

Hermanni, A. J. (2016). *Business Guide für strategisches Management*. Wiesbaden: Springer Gabler.

Herzberg, F. (1988). Was Mitarbeiter wirklich in Schwung bringt. *Harvard Business Manager, 10*, (2), 42-54.

Hinterhuber, H. H. (2011). *Strategische Unternehmungsführung. I. Strategisches Denken* (Bd. 1, 8., neu bearbeitete und erweiterte Aufl.): Erich Schmidt.

Homma, N., Bauschke, R. & Hofmann L.M. (2014). *Einführung Unternehmenskultur Grundlagen, Perspektiven, Konsequenzen*. Wiesbaden: Springer Gabler.

Johnson, G., Scholes, K. & Whittington, R. (2011). *Strategisches Management - Eine Einführung. Analyse, Entscheidung und Umsetzung* (1., neue Ausg). München: Pearson Studium ein Imprint der Pearson Education.

Kaplan, R. S., Norton, D. P. & Horváth, P. (2001). *Die strategiefokussierte Organisation. Führen mit der balanced scorecard.* Stuttgart: Schäffer-Poeschel.

Kotter, J. P. (2015). Die Kraft der zwei Systeme. *Harvard Business Manager* (Spezial), 80-93.

Kreikebaum, H.,Gilbert, D.U. & Behnam, M. (2011). *Strategische Unternehmensplanung* (7. Aufl.) Stuttgart: Kohlhammer.

Krüger, W. (1981). Theorie unternehmungsbezogener Konflikte, *ZfB, 51*, 910-951.

Lauer, T. (2014). *Change Management. Grundlagen und Erfolgsfaktoren* (2. Aufl.). Wiesbaden: Springer Verlag.

Meffert, H. & Bruhn, M. (2009). *Dienstleistungsmarketing. Grundlagen – Konzepte – Methoden* (6. Aufl.). Wiesbaden: Gabler-Verlag.

Müller-Stewens, G. & Lechner, C. (2011). *Strategisches Management. Wie strategische Initiativen zum Wandel führen: der St. Galler General Management Navigator* (4., aktualisierte Aufl.). Stuttgart: Schäffer-Poeschel.

Oldhafer, M., Schneider, S., Beil, E., Schmidt, C. & Nolte, F. (2019). *Change Management in Gesundheitsunternehmen. Die geheime Macht der Emotionen in Veränderungsprozessen.* Wiesbaden: Springer Gabler.

Picot, A., Dietl, H. & Franck, E. (2012). *Organisation. Theorie und Praxis aus ökonomischer Sicht* (6., Aufl). Stuttgart: Schäffer-Poeschel.

Raps, A. (2017). *Erfolgsfaktoren der Strategieimplementierung. Konzeption, Instrumente und Fallbeispiele* (4. Aufl.). Wiesbaden: Springer Gabler.

Reisinger, S., Gattringer, R. & Strehl, F. (2013). *Strategisches Management. Grundlagen für Studium und Praxis.* München: Pearson.

Remdisch, S. (2015). In die Mitarbeiter investieren. *Personalführung, 9*, 34-41.

Rubin, K. (2012). *Essential Scrum – Umfassendes Scrum-Wissen aus der Praxis.* München: Addison Wesley.

Sandmeier, P., Morrison, P.D. & Gassmann, O. (2010). Integrating customers in product innovation: lessons from industrial development contractors and in-house contractors in rapidly changing customer markets. *Creativity and Innovation Management, 19,* (2), 89–106.

Sathe, V. (1989). Fostering entrepreneurship in the large, diversified firm. *Organizational Dynamics, Vol. 18,* 20-32.

Schulte-Zurhausen, M. (2010). *Organisation* (5., überarb. und aktualisierte Aufl). München: Vahlen.

Simon, H. & Gathen, A. von der. (2010). *Das grosse Handbuch der Strategieinstrumente. Werkzeuge für eine erfolgreiche Unternehmensführung* (2. überarbeitete und erweiterte Aufl.). Frankfurt, M.: Campus.

Ternès, A. & Runge, C. (2016). *Reputationsmanagement. Stiftungen, Verbände und Vereine.* Wiesbaden: Springer Fachmedien.

Venzin, M., Rasner, C. & Mahnke, V. (2010). Der Strategieprozess. Praxishandbuch zur Umsetzung im Unternehmen (2. Aufl.). Frankfurt am Main [u.a.]: Campus-Verl.

Welge, M. K. & Al-Laham, A. (2012). *Strategisches Management. Grundlagen – Prozess – Implementierung.* [S.l.]: Gabler.

Welge, M. K., Al-Laham, A. & Eulerich, M. (2017). *Strategisches Management: Grundlagen – Prozess – Implementierung,* (7.Aufl.). Wiesbaden: Springer Gabler.

Zimbardo, P. G. & Gerrig, R. J. (2008). *Psychologie* (18. Aufl.). München: Pearson Studium.

7 Tabellenverzeichnis